Nesma Settouti

Sélection de Variables Biologiques par l'approche Filtre

Amel Hafa
Nesma Settouti

Sélection de Variables Biologiques par l'approche Filtre

Sélection de gènes du cancer du côlon

Éditions universitaires européennes

Impressum / Mentions légales
Bibliografische Information der Deutschen Nationalbibliothek: Die Deutsche Nationalbibliothek verzeichnet diese Publikation in der Deutschen Nationalbibliografie; detaillierte bibliografische Daten sind im Internet über http://dnb.d-nb.de abrufbar.
Alle in diesem Buch genannten Marken und Produktnamen unterliegen warenzeichen-, marken- oder patentrechtlichem Schutz bzw. sind Warenzeichen oder eingetragene Warenzeichen der jeweiligen Inhaber. Die Wiedergabe von Marken, Produktnamen, Gebrauchsnamen, Handelsnamen, Warenbezeichnungen u.s.w. in diesem Werk berechtigt auch ohne besondere Kennzeichnung nicht zu der Annahme, dass solche Namen im Sinne der Warenzeichen- und Markenschutzgesetzgebung als frei zu betrachten wären und daher von jedermann benutzt werden dürften.

Information bibliographique publiée par la Deutsche Nationalbibliothek: La Deutsche Nationalbibliothek inscrit cette publication à la Deutsche Nationalbibliografie; des données bibliographiques détaillées sont disponibles sur internet à l'adresse http://dnb.d-nb.de.
Toutes marques et noms de produits mentionnés dans ce livre demeurent sous la protection des marques, des marques déposées et des brevets, et sont des marques ou des marques déposées de leurs détenteurs respectifs. L'utilisation des marques, noms de produits, noms communs, noms commerciaux, descriptions de produits, etc, même sans qu'ils soient mentionnés de façon particulière dans ce livre ne signifie en aucune façon que ces noms peuvent être utilisés sans restriction à l'égard de la législation pour la protection des marques et des marques déposées et pourraient donc être utilisés par quiconque.

Coverbild / Photo de couverture: www.ingimage.com

Verlag / Editeur:
Éditions universitaires européennes
ist ein Imprint der / est une marque déposée de
AV Akademikerverlag GmbH & Co. KG
Heinrich-Böcking-Str. 6-8, 66121 Saarbrücken, Deutschland / Allemagne
Email: info@editions-ue.com

Herstellung: siehe letzte Seite /
Impression: voir la dernière page
ISBN: 978-613-1-57429-0

Je dédie ce travail à :

Mes parents,

Ma famille,

Mes amis,

Qu'ils trouvent ici l'expression de toute ma reconnaissance.

Résumé

Les développements en biotechnologie ont permis à la biologie de mesurer l'information contenue dans des milliers de gènes grâce aux puces d'ADN. Ceci a permis de déterminer les gènes exprimés dans une condition donnée. Le volume et la spécificité de ces jeux de données qui sont constituées d'un nombre de variables très largement supérieur au nombre d'expériences (échantillons) conduisent à des traitements faisant appel aux techniques de la réduction de dimension (sélection de variables) pour déterminer les gènes pertinents et les plus informatifs. Dans ce travail nous nous intéressons à la sélection de gènes du cancer du côlon qui pose un problème majeur de santé publique dans le monde et surtout en Algérie. Nous proposons différents types de méthodes de sélection de variables de nature probabiliste et statistique. Nos expérimentations ont montré que l'approche adoptée a la capacité de sélectionner un nombre réduit de variables tout en conservant des taux de classification très satisfaisant.

Mots clés

Réduction de dimension, sélection de variables(gènes), cancer du côlon, méthodes de sélection.

i

Abstract

Developments in biotechnology have enabled biological measure of the information contained in thousands of genes using the DNA chip. This has identified the genes expressed in a given condition. The volume and specificity of these data sets consist of more features then the number of samples and lead to treatments involving the techniques of dimension reduction (features selection) to determine relevant and informative genes. In this work we focus on the selection of genes for colon cancer, that poses a major public health problem worldwide and especially in Algeria. We offer different types of features selection methods of statistical and probabilistic nature. Our experiments have shown that the approach has the ability to select a reduced number of features while preserving a very satisfactory classification rates.

Keywords

Dimension reduction, features selection (genes), colon cancer, selection methods.

Table des matières

Table des figures

Liste des tableaux

Glossaire

ACP Analyse en Composante Principale.

AD Aide au Diagnostic.

ADN Acide Désoxyribo Nuclieique.

ALL Aculte Lynphplastic Leukemia.

ARR Arrhythmia.

BEF Bayes en Composante Principale.

BN BI-Normal Separation.

CART Classification and Regression Tree.

CFS Correlation Based Feature Selection.

Cm CentiMètre.

DF Document Frequency.

EEG (ECG) ElectroCardioGraphe.

ERGS Effective Range basedd Gene Selection.

FN Faux Négatif.

FP Faux Positif.

FS Feature Selection.

GAMIFS Genetic Algorith Mutuel Inforamtion Feature Selection.

ICA Independant Compenent Analysis.

IG Information Gain.

K-NN (Kppv) K plus proche voisins.

LDA Linear discriminant Analysis.

MI Mutuel Information.

MIM Mutuel Information Maximization.

mRMR minimum Redondance, Maximum Relevance.

NB Naïve Bayes.

NMIFS Normalized Mutuel Inforamtion Feature Selection.

NVS Nombre de Variable Sélectionnées.

OMS Organisation Mondiale de la Santé.

PLS Partial Least Sequre.

PMC Perceptron Multi Couches.

RBF Radial Bassis Function.

SE Sensibilité.

SP Spécificité.

SV Sélection de variables.

SVDMC Singular Value Decomposition and Monte Carlo.

SVM Support Vector Machine.

TC Taux de Classification.

VN Vrai Négatif.

VP Vrai Positif.

WLLR Weighted Log Likelihood Ratio.

Introduction

Les avancées technologiques ont facilité l'acquisition et le recueil de nombreuses données, notamment dans le domaine médical lors d'examen des patients. Ces données peuvent être utilisées comme support de décision médicale, conduisant aux développements d'outils capables de les analyser et de les traiter ; dans la littérature, nous trouvons régulièrement la notion d'aide au diagnostic, ces systèmes sont même considérés comme étant essentiels dans beaucoup de disciplines, ces systèmes reposent sur des techniques issues de l'intelligence artificielle mais les problèmes les plus intéressants sont souvent basés sur des données de haute dimension. Ces problèmes désignent les situations où nous disposons peu d'observations alors que le nombre de variables explicatives est très grand. Cette situation est de plus en plus fréquente dans les applications, en particulier celles liées aux biopuces.

Une biopuce fournit une seule observation de plusieurs milliers de gènes simultanément. Cette observation correspond en générale à une seule condition expérimentale et à une seule classe (cellule saine ou cancéreuse). Les gènes jouent le rôle des variables, et le nombre d'échantillons des biopuces est très faible pour des raisons de coût.

Ce travail de Master se situe dans le contexte général de l' Aide au Diagnostic médical, qui a pour but de réduire le nombre de variables parmi lesquelles peu sont informatives et les autres constituent essentiellement du bruit. Le plan de mémoire est composé de :

- Le premier chapitre présente le contexte lié au cancer du côlon et la problématique confrontée dans ce domaine des données a grande dimension.

1

– Le deuxième chapitre est partionné sur trois parties :

  – la première comporte les différentes approches de sélection de variables.
  – La seconde, l'état de l'art sur la sélection de variables d'une manière générale et plus particulièrement sur les travaux liés au cancer du côlon.
  – La troisième partie décrit notre contribution dans ce domaine.

– Dans le troisième chapitre nous élaborons les différentes tâches nécessaires, où nous présentons les techniques de sélection de variables, puis nous décrivons les implémentations et leurs résultats obtenus et enfin une représentation synthétique des méthodes de sélection. Nous terminons ce chapitre par une comparaison entre nos résultats et ceux de la littérature.

– En dernier lieu, une conclusion générale et des perspectives de ce travail de Master seront présentées.

Chapitre 1

Problématique

1 Contexte

1.1 Introduction

Au début des années 90, la sélection de variables portait sur des domaines souvent décrits par quelques dizaines de variables. Ces dernières années, par l'accroissement des capacités de recueil, de stockage et de manipulation des données, en particulier, dans les récentes avancées biotechnologiques permettent maintenant de mesurer une énorme quantité de données biologiques (protéiques, méthabolémiques, séquence ADN) souvent caractérisées par des centaines voir des milliers de variables, par conséquent, de nouvelles techniques de sélection de variables sont apparus pour tenter d'aborder ce changement d'échelle et de traiter notamment la prise en compte de variables redondantes et non pertinentes. Autant que, l'exploration de données est utilisée dans plusieurs applications médicales comme la prédiction de l'efficacité des tests médicaux, la classification des tumeurs, la détection des cancers, ce dernier est l'un des thèmes de recherche le plus chaud en bioinformatique. Ces cancers représentent la première cause de mortalité dans le monde tel que les cancers du poumon, de l'estomac, du foie, du côlon et du sein sont les plus grands fléaux de l'humanité.

Nous nous intéressons plus particulièrement à la sélection des gènes marquant le cancer du côlon par l'approche filtre vue que le cancer colorectal est une priorité de santé publique par l'OMS (Organisation Mondiale de la Santé), il touche plus d'un million de personne chaque année et tue prés de la moitié, c'est le troisième cancer dans le monde chez les deux sexes confondus ; leurs chronicité et leurs fréquence ne cesse de désstabiliser le secteur de santé. Le cancer du côlon constitue de plus en plus un problème majeur de santé publique dans le monde et surtout en Algérie où 4 000 nouveaux cas sont enregistrés chaque année avec un taux de mortalité allant de 40 à 50%.

1.2   Impact de cancer du côlon

Selon l'OMS, les cancers représentent la première cause de mortalité dans le monde, à l'origine 7,6 millions de décès et d'après les projections, la mortalité due au cancer vas continuer pour dépasser selon les estimations 13,1 million de décès en 2030.

En 2011, l'incidence de mortalité des cancers les plus fréquents en France, montre que le cancer du côlon détient la deuxième position chez les femmes après le cancer du sein et la troisième position chez les hommes après les cancers de la prostate et les poumons [SM11] (Figure 1.1).

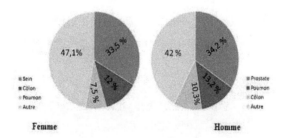

FIGURE 1.1 – Répartition de la mortalité des cancers les plus fréquents en France selon l'institut national du cancer en 2011.

Nous montrons dans la Figure 1.2, les positions de cancer du côlon à Tlemcen pour les deux sexes, ces estimations de l'incidence des cancers les plus fréquents selon le registre du centre hospitalo-universitaire de Tlemcen en 2006 [Gad09].

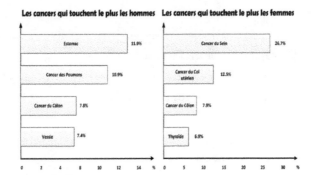

FIGURE 1.2 – L'incidence des cancers les plus fréquents selon le registre du centre hospitalo-universitaire de Tlemcen en 2006.

1.3   Définition de Cancer du côlon

Le côlon fait partie de l'intestin entre la valvule de Bauhin (fin de l'intestin grêle) et le rectum qui élabore et véhicule les matières fécales, il forme un cadre appelé cadre colique, et comporte quatre sections : côlon droit ou ascendant, transverse, gauche ou descendant et sigmoïde (Figure 1.3) [Wai09].

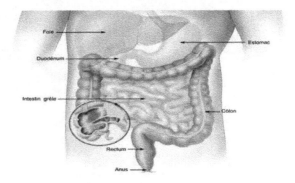

FIGURE 1.3 – Anatomie du côlon

Entre 60 et 80% des cancers colorectaux se développent de certaines pathologies sous forme d'adénocarcinome (adénomes ou polypes de la muqueuse intestinale) qui se développent à partir des glandes du côlon (Figure 1.3) ; le risque du cancer croît avec le nombre (Figure 1.4) et la taille de l'adénome (Table 1.1). [dcedr09]

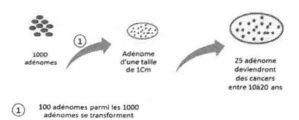

FIGURE 1.4 – Séquence adénome-cancer

Taux	Taille de l'adénome
0,5 %	Inférieur à 1 Cm
5 %	Entre 1et 2 Cm
30 %	Supérieur à 2 Cm

TABLE 1.1 – Le taux de transformation d'un adénome selon sa taille.

Le cancer du côlon est une tumeur bénigne dont-elle prend différentes formes d'adénome, le tableau (Table 1.2) représente le taux d'incidence des types d'adénomes.

Taux	Type l'adénome
1 %	Adénome tubuleux
12 %	Adénome tubulo-villeux
15 %	Adénome villeux

TABLE 1.2 – Le taux de présence de foyer cancéreuse de l'adénome selon son type.

1.4 Symptômes

Les symptômes de cancer du côlon peuvent passer inaperçu pendant plusieurs années, ce cancer peut se révéler par :

– Des douleurs abdominales d'apparition récente.

- Un trouble du transit intestinal d'apparition récente (ou la modification récente de troubles anciens du transit intestinal).
- Une anémie ferriprive.
- Une altération de l'état général.
- Une tumeur abdominale ou un foie méta-statique.
- Sang dans les selles ou dans les toilettes après avoir eu un mouvement d'entrailles.
- Selles noires ou de couleur noire.
- Les douleurs des crampes dans le bas ventre.
- L'apparition de la constipation ou la diarrhée qui dure plus que quelques jours.
- Perte de poids involontaire.

1.5 Facteurs de risques

- *L'âge :* Les cancers colorectaux devient assez fréquents et appréciable à partir de 45 ans.
- *L'hérédité :* Le risque de cancer du côlon augmente 2 à 3 fois pour les personnes ayant un antécédent familial du premier degré (parent, frère ou sœur) qui a développé un cancer du côlon. Le risque augmente si le cancer a été diagnostiqué à un jeune âge, ces familles représentent 5% des cancers colorectaux.
- *Les maladies inflammatoires chroniques intestinales :*, notamment la maladie de Crohn et la Colite-ulcéreuse auprès une vingtaine d'années, le risque d'avoir un cancer est d'environ 1/3 si tout le côlon est atteint.
- *Les maladies génétiques :* telles que le syndrome de Lynch ou la polypose adénomateuse.
- *Une alimentation riche en graisse animale* (viande rouge) et pauvre en végétaux (légumes) et les fibres (céréales) jouent un rôle très important dans le développement de cancer du côlon.
- *La sédentarité.*
- *Le tabac :* est un facteur d'apparition des adénomes, l'alcool favorise l'augmentation de leurs taille et risque d'atteindre un gros polype qui est dix fois plus élevé chez un sujet ayant fumé plus de 20 paquets/année et buvant de trois

quart de vin par jours.

1.6 Stades de cancer du côlon

Les cancers sont généralement classés en stades en fonction de la dimension des tumeurs et surtout du degré de propagation de la maladie à d'autre partie de l'organisme (Table 1.3). Le stade en question dépend principalement de la contamination des ganglions (Figure 1.5).

Stades	Définition
Stade 0	La tumeur est très superficielle et qu'elle n'envahit pas la sous-muqueuse, les ganglions lymphatique ne sont pas atteints et qu'il n y a pas de métastase à distance.
Stade I	La tumeur envahit la deuxième couche (sous-muqueuse) ou la couche musculaire de la paroi du côlon ou du rectum, les ganglions lymphatiques ne sont pas atteints et il n'y a pas de métastase à distance.
Stade II	Les cellules cancéreuses ont traversé plusieurs couches de la paroi du côlon ou du rectum, mais aucun ganglion n'est atteint et il n'y a pas de métastase.
Stade III	Les cellules conséreuses ont envahit les ganglions lymphatiques proche de la tumeur.
Stade IV	Le cancer s'est propagé au-delà du côlon ou de rectum, vers des emplacements ou des organes éloignés, généralement le foie ou les poumons.

TABLE 1.3 – Les stades de cancer du côlon.

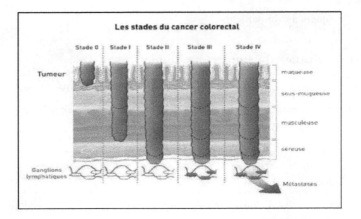

FIGURE 1.5 – Représentation des différents stades de cancer du côlon

1.7 Traitements

Les traitements proposés pour le cancer du côlon dépendent en grande partie du stade de la maladie au moment du diagnostic (Table 1.4). D'autres facteurs tels que l'emplacement de la tumeur ou l'état de santé général du patient ont également leur importance et permettront d'adapter les traitements à sa situation.

Stades	Définition
Stade 0 et I	Chirurgie : la partie du côlon atteinte est retirée.
stade II	– Chirurgie : la partie du côlon atteinte est retirée. – Dans certains cas, une chimiothérapie peut être envisagée en complément de la chirurgie, notamment si la tumeur présente des caractéristiques agressives.
stade III	– Chirurgie : la partie du côlon atteinte et les ganglions qui dépendent de cette partie sont retirés. – Chimiothérapie adjuvante (c'est-à-dire après la chirurgie) recommandée. Elle a pour but de réduire le risque de récidive.
stade IV	– Chirurgie : deux interventions peuvent être envisagées ; la première pour retirer la portion du côlon atteinte, la deuxième pour retirer la ou les métastases. Parfois, une même intervention permet de retirer à la fois la tumeur primitive du côlon et la ou les métastases. Dans d'autres cas, il n'est pas possible d'opérer. – Chimiothérapie : elle est réalisée soit entre les deux chirurgies pour réduire la taille des métastases et faciliter l'intervention qui consiste à les enlever (on parle d'exérèse), soit en traitement principal si le cancer ne peut pas être opéré. – Thérapie ciblée : d'autres médicaments anticancéreux peuvent être associés à la chimiothérapie.

TABLE 1.4 – Les traitements du cancer du côlon selon les stades de la maladie.

Après les différents traitements qui ont été localisé selon leurs stades, un taux de survie en 2003 qui a été fait pour les Etats-Unis (Table 1.5).

Stades	Après 5 ans
0 et I	74 %
II	67 %
III	48 %
IV	6 %

TABLE 1.5 – Les statistiques de survie après le traitement de cancer du colon selon leur stade, États-Unis, 2003.

Cancer du côlon à l'échelle Mondiale selon le centre international de recherche sur le cancer, qui estime les 10 pays les plus touchés par le cancer du côlon par rapport à 100.000 personnes (Table 1.6).

Pays	Incidence
Allemagne	156,2
Hongrie	152,8
Japon	151,2
République tchèque	149,8
Norvège	144,1
Nouvelle-Zélande	138,2
Danemark	136,2
Italie	132,1
Suisse	129,4
Autriche	128,6

TABLE 1.6 – Top-10 des Pays ayant le plus d'incidence de cancer du côlon [tt10]

1.8   Cancer du côlon en Algérie

Localisation de cancer du colon selon le sexe

Dans la Figure 1.6, la répartition de cancer du côlon selon le sexe dans la population de l'Ouest Algérien comporte les villes suivantes : Oran, Mascara, SBA, Relizane, Ain-Temouchent selon la période de 2000 à 2006 [MMT$^+$09] et à Tlemcen pendant 2006 à 2008.

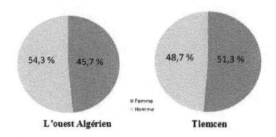

FIGURE 1.6 – Répartition de l'incidence de cancer du colon en Algérie.

Les Figures (Figure 1.7, Figure 1.8) représentent la répartition de cancer du côlon par tranche d'âge pour les deux populations.

Localisation de cancer du colon selon l'âge

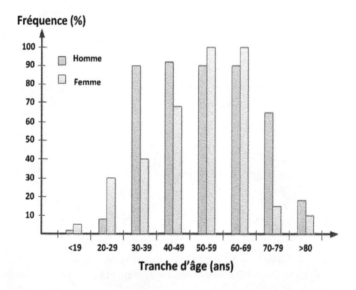

FIGURE 1.7 – Répartition de cancer du côlon dans les sites étudiés de l'Ouest Algérien, selon l'âge et le sexe [MMT+09]

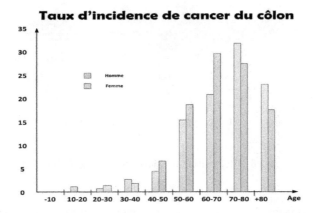

FIGURE 1.8 – Taux d'incidence de cancer du côlon selon le registre du centre Hospitalo-universitaire de Tlemcen entre 2006-2008.

La figure 1.9 represente les statistiques d'incidence de cancer du côlon qui ont été localisé à Tlemcen en 2010.

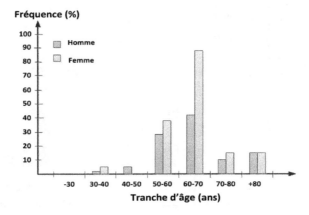

FIGURE 1.9 – Taux d'incidence de cancer du côlon selon le registre du centre Hospitalo-universitaire de Tlemcen en 2010.

2 Aide au diagnostic

Aujourd'hui, la difficulté réside non seulement dans l'obtention des données génomiques mais également dans leurs analyses, l'objectif consiste à développer des méthodes d'analyse permettant d'extraire un maximum d'informations à partir des données récoltées par les biologistes et généticiens, celles-ci a fait émerger un grand nombre de questions, il est claire qu'une bonne procédure de sélection doit en pratique être complètement explicite, simple à implémenter et rapide à calculer.

La sélection des données biologiques contribuent vers le renforcement de l'aide au diagnostic médical, le niveau et le taux de progression de bio-marqueurs mesurés de façon répétitives sur chaque sujet permettant de quantifier la sévérité de la maladie et la susceptibilité de sa progression ; ceci est usuellement intéressant, sur les plans cliniques et scientifiques, d'aider l'expert à prendre ces décisions dans un temps moins tardif que la survie d'un patient. Le domaine typique de telle situation est le domaine biomédical où nous pouvons maintenant faire énormément de mesures sur un individu donné (mesure d'expression de gènes par exemple), mais le nombre d'individus sur lequel nous faisons l'expérience est réduit (dans le cas d'étude d'une maladie, le nombre de porteurs de la maladie qui participent à une étude est souvent limité). Le domaine qui concerne le développement de méthodes qui permettent la sélection de variables pertinentes est très actif, peuvent assurer une meilleure prédiction et de sélectionner correctement ces variables est important pour l'interprétation du modèle (un clinicien sera évidement intéressé de savoir que tel et tel gènes sont impliqués dans le développement de métastase par exemple).

Les techniques de sélection (ou réduction) de dimension consistent à rechercher des directives informatives et d'éliminer les directives qui ne contiennent que du bruit. Ces techniques se divisent en deux groupes : les approches multi variées et les approches purement scalaires.

  - Les approches multi variées comme l'optimisation combinatoire et la combinaison linéaire leurs originalité consiste à chercher non pas un seul facteurs
    explicatifs mais bien une ou plusieurs combinaisons (sous ensemble) parmi un
    très grand nombre de facteurs potentiels.

– Les approches purement scalaires détiennent principalement les méthodes statistiques et probabilistes qui s'imposent par leurs capacités à exploiter ce nouveau type de données, cette approche se focalise uniquement sur l'extraction de variables réelles et non pas sur la construction de nouvelles variables artificielles pour réduire la dimension.

3 Problématique

La sélection de variables est devenue l'objet qui attire l'attention de nombreux chercheurs durant ces dernières années, cette sélection permet d'identifier et d'éliminer les variables qui pénalisent les performances d'un modèle complexe dans la mesure où elles peuvent être bruitées, redondantes ou non pertinentes. De plus, la mise en évidence des variables pertinentes facilitent l'interprétation et la compréhension des aspects médicaux et biologiques ; ainsi, elle permet d'améliorer la performance de prédiction des méthodes de classification et de passer outre le fléau de la haute dimensionnalité de ces données (the curse of dimentionalty).

Le problème spécifique de la selection de variables nécessite une approche particulière puisque le nombre de variables est très largement supérieur vis-à-vis du nombre d'échantillons (expériences ou observations), dans la littérature du machine Learning trois approches sont envisagées relèvent des méthodes de type wrapper ou embedded ces méthodes sélectionnent de façon implicite les variables où la sélection se fait lors de processus d'apprentissage, ces deux approches sont caractérisées par la pertinences des attributs sélectionnées mais un temps de calcul long à l'opposé de la méthode filtre, approche couramment utilisée à ce jours pour analyser les données biologiques, cette approche consiste à parcourir la sélection des variables avant le processus de l'apprentissage et ne conserve que les caractéristiques informatives.

Le travail que nous présentons dans ce mémoire de Master s'inscrit dans la sélection de variables plus particulièrement les gènes de cancer du côlon qui permet de développer le contexte d'aide au diagnostic pour détecter l'état du patient (malade ou sain) et pourrait apporter plus de connaissance sur les caractéristiques de ce cancer. Aussi, nous mettons en évidence l'utilisation de l'approche filtre qui a été extraite de la littérature scientifique.

4 Conclusion

La sélection des données biologiques est un domaine qui a fait l'objet de plusieurs recherches, telles quelles sont exposées dans le chapitre 2 "la sélection de variables" contribuent vers le renforcement de l'aide au diagnostic médical par une reconnaissance intelligente des données biologiques.

Chapitre 2

La sélection de variables

1 Introduction

La sélection de variables est d'un intérêt particulier et crucial pour toute base de données dont le nombre de variables ou d'observations est très grand. Or, avec le développement des outils informatiques qui permettent de stocker et de traiter toujours mieux ces données, ce type de situations se rencontrent fréquemment, ceci explique l'intérêt actuellement porté au thème de la sélection de variables qui permet d'extraire des variables pertinentes et de réduire la dimension de l'espace original.

Dans ce chapitre nous présentons les différentes approches de sélection de variables (features selection), et aussi les méthodes de sélection. Puis, les travaux réalisés dans la littérature scientifique d'une manière générale sur la sélection de variables et plus particulièrement sur la sélection des variables de cancer du côlon.

2 Approches de la sélection de variables

La sélection de variables est un dispositif crucial de l'apprentissage automatique. Nous cherchons à isoler le sous ensemble de prédicteurs qui permet d'expliquer efficacement les valeurs de la variable cible, trois approches sont généralement citées dans la littérature :

- Approche wrapper (wrapper approch),
- Approche Filtre (filter approch),
- Approche embedded (embedded approch).

2.1 Approche wrapper

Les wrappers ont été introduits par John et al. en 1994 [JKP94b]. Leurs principe est de générer des sous ensembles candidats et de les évaluer grâce à un algorithme de classification. Cette évaluation est faite par un calcul d'un score, par exemple un score d'un ensemble sera un compromis entre le nombre de variables éliminées et le taux de réussite de la classification sur un fichier de test.L'appel de l'algorithme de classification est fait plusieurs fois à chaque évaluation (c'est-à-dire à chaque sélection d'une variable, nous calculons le taux de classification pour juger la pertinence d'une caractéristique) car un mécanisme de validation croisée est fréquemment utilisé. Le principe de wrappers est de générer un sous ensemble bien adaptés à l'algorithme de classification (Figure 2.2). Les taux de reconnaissance sont élevés car la sélection prend en compte le biais intrinsèque de l'algorithme de classification. Un autre avantage est sa simplicité conceptuelle ; nous n'avons pas besoin de comprendre comment l'induction est affectée par la sélection des variables, il suffit de générer et de tester.

Cependant, trois raisons font que les wrappers ne constituent pas une solution parfaite. D'abord, ils n'apportent pas vraiment de justification théorique à la sélection et ils ne nous permettent pas de comprendre les relations de dépendances conditionnelles qu'il peut y avoir entre les variables. D'autre part la procédure de sélection est spécifique à un algorithme de classification particulier et les sous ensembles trouvés ne sont pas forcément valides si nous changeons de méthode d'induction. Finalement, c'est l'inconvénient principale de la méthode, les calculs devient de plus en plus très longs, voir irréalisables lorsque le nombre de variables est très grand.

2.2 Approche filtre

L'approche filtre sélectionne un sous ensemble de variables en-prétraitement des données d'un modèle (l'étape de l'analyse des données), Le processus de sélection est indépendant du processus de classification (Figure 2.1) [JKP94a]. Un de ces avantages est d'être complètement indépendant du modèle de données que nous cherchons à construire. Elle propose un sous ensemble de variables satisfaisant pour expliquer la structure des données qui se cachent et que le sous ensemble est indépendant de l'algorithme d'apprentissage choisi. Ce contexte est aussi adaptatif dans la sélection de variables non supervisées (Géurif, 2008 [.S08], Mitra et al., 2002 [MP02], Bennani et Géurif, 2007 [Hal98]). De plus les procédures filtres sont généralement moins couteuses en temps de calcul puisqu'elles évitent les exécutions répétitives des algorithmes d'apprentissage sur différents sous ensemble de variables. En revanche, leur inconvénient majeur est qu'elles ignorent l'impact des sous ensembles choisis sur les performances de l'algorithme d'apprentissage.

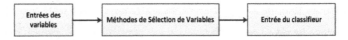

FIGURE 2.1 – L'approche filtre.

2.3 Approche Embedded

Les méthodes Embedded intègrent directement la sélection dans le processus de l'apprentissage (Figure 2.2), les arbres de décision sont l'illustration la plus emblématique. Mais, en réalité, nous classons dans ce groupe toutes techniques qui évaluent l'importance d'une variable en cohérence avec le critère utilisé pour évaluer la pertinence globale du modèle.

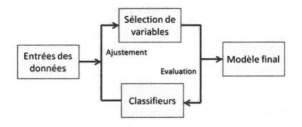

FIGURE 2.2 – Principe de l'approche wrapper et embedded.

3 Sélection de variables (Features Selection)

3.1 Principe

La sélection de caractéristiques (features selection) est un domaine très actif depuis ces dernières années. Sa particularité s'inscrit dans le cadre de data Manning. En effet, la « fouille de données » dans de très grande base devient un enjeu crucial pour des applications tel que le génie génétique, les processus industriels complexes... Il s'agit en fait de résumer et d'extraire intelligemment de la connaissance à partir des données brutes. L'intérêt de la sélection de variables est résumé dans les points suivants :

- Lorsque le nombre de variables est vraiment trop grand, l'algorithme d'apprentissage ne peut pas terminer l'exécution dans un temps convenable, alors la sélection peut réduire l'espace des caractéristiques.
- D'un point de vue intelligence artificielle, créer un classifieur revient à créer un modèle pour les données. Or une attente légitime pour un modèle est d'être le plus simple possible (principe du Razoied d'Occam [BEHW87]). La réduction de la dimension de l'espace de caractéristiques permet alors de réduire le nombre de paramètres nécessaires à la description de ce modèle.
- Elle améliore la performance de la classification : sa vitesse et son pouvoir de généralisation.
- Elle augmente la compréhensibilité des données.

Cette sélection des données consistent à choisir un sous-ensemble optimal de variables pertinentes, à partir d'un ensemble de variables originales, l'algorithme de sélection de variables est le suivant.

Algorithm 1 Algorithme de Sélection de Variables

Entrées : $N = x_1, \ldots\ldots, x_m$: L'ensemble des variables potentielles,

$r \leq m$: Le nombre de variable sélectionnées.

W : une mesure de pertinence.

Sortie :

S C N : Ensemble des variables sélectionnées.

$S \leftarrow R$

for $a = 1 \rightarrow (m - r)$ **do**

$\quad X_n \leftarrow W(x_n)$

$\quad S \leftarrow \frac{S}{(x_n)}$

$\quad N \leftarrow \frac{N}{(x_n)}$

end for

La sélection de variables comporte trois éléments essentiels : une mesure de pertinence, une procédure de recherche et un critère d'arrêt.

3.2 Mesure de pertinence

La mesure de pertinence associée aux méthodes de sélection de variables sont souvent basées sur des heuristiques calculant l'importance individuelle de chaque variable dans le modèle obtenu, ces heuristiques sont de différentes natures : statistique, probabiliste, information mutuelle ou celle qui mesure l'indépendance ou la vraisemblance entre les variables.

3.3 Procédure de recherche

Trouver une solution optimale suppose une recherche exhaustive parmi les $(2_n -1)$ sous-ensembles de variables possibles, et bien que des méthodes de recherche efficaces comme le Branch and Bound ont été proposé, elles s'appuient sur une propriété de mono tonicité de la mesure de pertinence qui est en pratique difficile à assurer (Bennani, 2001a [Ben1a] ; Bennani, 2006 [Ben06]). Une recherche exhaustive est dès lors inapplicable même pour un nombre de variables de l'ordre de quelques dizaines. En pratique, nous utilisons des approches sous-optimales comme les algorithmes de recherche gloutonne ou les méthodes de recherche aléatoire.

Les stratégies gloutonnes les plus utilisées sont les méthodes séquentielles dont elle font partie de la méthode de sélection avant (forward selection) (Dy & Brodley, 2000 [DJG00] ; Raftery & Dean, 2006 [Dea06]), la méthode d'élimination arrière (backward elimination) (Guérif & Bennani, 2007 [BG07]) et les méthodes bidirectionnelles comme la méthode stepwise ou celle proposée par (Sorg-Madsen et al., 2003 [SMTJ03]) qui combine une approche filtre par sélection à une approche symbiose (wrapper ou embedded) par élimination. La méthode de sélection avant débute avec un ensemble vide et progresse en ajoutant une à une les variables les plus intéressantes.

A l'inverse, la méthode d'élimination arrière commence par l'ensemble de toutes les variables dont les moins pertinentes sont supprimées tour à tour. Les méthodes bidirectionnelles combinent ces deux modes de recherche. Les algorithmes génétiques font partie des méthodes de recherche aléatoire qui sont parfois utilisées. Nous reprochons généralement à la méthode de sélection avant de ne pas prendre en compte le problème de la pertinence mutuelle.

3.4 Critère d'arrêt

Le nombre de variables à sélectionner fait généralement partie des inconnues du problème et il doit être déterminé automatiquement à l'aide d'un critère d'arrêt de la procédure de sélection de variables. Ce problème se ramène à celui de la sélection de modèles sachant que de nombreux auteurs utilisent soit des critères de maximum de vraisemblance ([DJG00] ; [Dea06]) soit des critères de séparabilité des classes (refya3 ; [BG07]). Il convient de noter que les critères de séparabilité utilisés dans [DJG00], [BG07]) ne sont plus utilisables lorsque le nombre de variables est important car leur évaluation fait intervenir soit l'inversion soit le calcul du déterminant des matrices de covariance.

D'autres auteurs utilisent une combinaison de la mesure de pertinence et de la procédure de recherche. Ainsi, dans ([SMTJ03]) les auteurs utilisent pour leur approche filtre un critère d'information mutuelle et stoppe la procédure de sélection avant lorsqu'aucune variable ne peut plus être ajoutée. La procédure d'élimination arrière de leur approche symbiose est stoppée à l'aide d'un seuil sur les performances du classificateur bayésien naïf qu'ils utilisent.

Pour la sélection d'un sous ensemble de variables nous attribuons un score pour chaque variable, plusieurs solutions ont été proposées dans la littérature. Une première solution est de donner un score à chaque variable indépendamment des autres et de faire la somme de ces scores. Pour évaluer une variable, l'idée est de déterminer la corrélation de la variable et la classe, mais André Elisseeff Isabelle Guyon [EG03] proposent des exemples simples montrant que cette approche nommée feature ranking pose des problèmes dans le cas général. En effet, cette approche n'élimine pas les variables redondantes, d'autre part il est possible que des variables peu corrélées avec la classe deviennent utiles lorsque nous les considèrons dans le contexte des autres varibales. L'autre solution est d'évaluer un sous ensemble dans sa globalité. Une méthode plus spécifique au problème est décrite dans Koller et Sahami y, [KS96] proposent d'éliminer une variable si elle possède une couverture markovienne, c'est-à-dire si elle est indépendante de la classe, sachant les autres variables. Il existe aussi d'autres solutions avec un principe d'intermédiaire entre feature ranking et subset ranking basé sur une idée de Ghiselli [Ghi64] et utilisé avec de bons résultats dans le cadre de la CFS (correlation based feature selection) par M.Hall [Hal00].

La corrélation ou la dépendance entre deux variables peut être définie de plusieurs façons. Utiliser le coefficient de corrélation statistique comme dans [Hal00] est trop restrictifs car il ne capture que les dépendances linéaires, le test de Fisher à un score important indique donc que les moyennes des 2 classes sont significativement différentes. On peut, en revanche, utiliser un test d'indépendance statistique comme le test du Chi-2, t-statistic, F-statistic [KS77], [LS95], [Gau02]. Il est aussi possible d'utiliser la notion d'information mutuelle (MI) qui est fondé sur un calcul probabiliste et d'entropie de Shannon [Sha48] ainsi que la méthode MRMR (minimum redondance maximum relevance) qui vise deux objectifs en parallèle, prendre les variables pertinentes et éliminer les variables redondantes.

3.5 Sélection de variables dans la littérature

Dans ce tableau nous exposons quelques travaux concernant la résolution du problème de grande dimension, nous présentons les méthodes permettant d'y remédier et leurs applications dans les différents domaines (Table 2.1).

Auteurs	Articles	Approches	Expériences	Résultats
Tian Lan, Deniz Erdogmus Andre, Adami Michael Pavel, 2005 [LEAP05]	Feature selection by ICA and MIM in EEG Signal Classification.	Ce papier propose un schéma de sélection de variable en utilisant l'analyse linéaire en composante indépendante et la mutuelle information son principe est de maximiser l'information. l'évaluation du taux de classification a été faite avec le classifieur K-nn.	Les expériences de cet article ont été réalisées par l'utilisation du signal EEG.	Plusieurs tests ont été réalisés avec différents nombre de variables sélectionnées à partir : – 20 variables le taux est 82%, – 30 variables, un taux de 87%, – Après la sélection de 35 variables on remarque une chute du taux de classification avec 2%.
Yuhang Wing, Fillia Ma kedon, 2004 [WM04]	Application of ReliefF to selecting informative genes for cancer classification using microarray data	Ce papier implémente la méthode de sélection ReliefF pour sélectionner les gènes les plus pertinents des différent base de données avec les classifieurs SVM et K-NN.	Les bases de données sont : ALL leukemia, MLL leukemia	Apres la sélection de 150 gènes pour chaque base, les taux de classification sont : SVM : - ALL : 99% - MLL : 97% K-NN : - ALL : 100% - MLL : 98%

AUTEURS	ARTICLES	APPROCHES	EXPÉRIENCES	RÉSULTATS
Shousken Li, Rui Xia, Chingquing Zong, Chui Ran Hueing, 2009. [LXZH09]	A framework of feature selection methods for text categorization.	Ce papier se focalise sur la classification des textes, il se base sur la sélection des termes et leurs classification, il compare six méthodes : DF (document frequency) , MI (mutuel information, IG(information gain), CHI-2 (X2-test, BNS (bi-normal separation) et WLLR (weighted log-likelihood ratio), ces méthodes ont été implémenté pour mesurer le score entre les termes et leurs catégories.	Les expériences ont été testé sur un corpus de Reters-21578 dénommé R2 et 20NG est une collection d'environ 20000 termes de 20 documents.	– DFscore = 0,004 – MIscore= 0,870 Ce qui montre que MI score a exprimé une bonne information sur la catégorie.
Yi Zhang, Chris Ding, Tao Li, 2008. [ZDL08]	Gene selection algorithm by combining ReliefF and MRMR.	Ce papier combine deux méthodes de sélection RelifF et MRMR ou la première consiste à trouver un ensemble de gènes et la seconde est appliquée explicitement pour réduire la redondance ; afin d'avoir un ensemble de gènes compacte et efficace. La classification a été réalisé avec SVM et Naive bayes.	Les bases sont : ALL (Aculte Lynphplastic Leukimia), ARR (Arrhythmia), GCM, HBC, MLL (lekemia)	Les taux de classification sont évalués après la sélection de 30 gènes pour chaque base.

AUTEURS	ARTICLES	APPROCHES	EXPÉRIENCES	RÉSULTATS
Pablo A.Estévez, Michel Tesmer, Clandio A.Perez, Jacek M.Zurada, 2009. [ATAM09]	Normalised mutuel information Feature Selection.	Ce papier, propose une normalisation de la méthode de sélection MI en NMIFS et GAMIFS. Le premier est normalisation de mutuelle information (of feature selection) pour la sélection des variables, le second est une hybridation entre les algorithmes génétiques et l'information mutuelle.	Les bases de données utilisées sont des bases de données artificielles : Sonar, Breiman, Spambase, Madelon, Arcene	– NMIFS : Nombre de variables sélectionnées est 11 avec un taux de classification de 86,36%. – GAMIFS : Nombre de variables sélectionnées est 11 avec un taux de classification de 90,96%.

TABLE 2.3: Quelques travaux sur la Séléction de Variables

3.6 Sélection de variables de cancer du côlon dans la littérature

Plusieurs travaux récents sur la sélection de variables biologiques ont fait preuve de leur efficacité sur des applications de bio puce. Certains appliquent une stratégie d'élimination récursive (et/ou d'ajout récursif) des variables optimales comme le font Guyon et al.,2002 [IJSV02] et Rakotomomanjy, 2003 [Rak03]. D'autre combinent la sélection de variables durant l'apprentissage et la classification en une seule étape Chappelle et al., 2002 [OaOBM02] et Weston et al., 2003 [WESH03].

nous présentons l'état de l'art des travaux qui ont contribué à la sélection des gènes de cancer du côlon.

AUTEURS	ARTICLES	APPROCHES	RÉSULTATS
B.Chandra, Manish Gupta, 2010 [CG10]	An efficient statistical feature selection approch for classification of gène expression data.	Ce papier introduit la méthode ERGS (Effective Range based Gene Selection) son principe est que le meilleur poids est donné à la variable qui discrimine beaucoup plus la classe. L'évaluation a été faite avec Naive bayes et SVM.	COLON : NB : 83,87%, NG : 100 SVM : 83,87%, NG :100
Badih Ghattas, Anis BenIshak, 2008 [GB08]	Selection de variable pour la classification binaire en grande dimension aux données en bio puces.	Pour la sélection des variables il utilise les forets aléatoires	Pour 50 variables sélectionnées, le taux est de 76% avec 100 variables sélectionnées ont réalisées un taux de 83%.
Ji Gang Zhang, Hong-Wen Deng, 2007 [JGZ07]	Gene selection for classification of microarray data based on the bayes error.	Ce papier a introduit la méthode BEF Bayes Error Filter pour la sélection de variable.	Nombre de sélection de gènes est 20 avec un taux de classification de 87%.

Auteurs	Articles	Approches	Résultats
Srinivasa R. Perumal, R.Sujatha, 2011 [SS11]	Analysis of colon cancer dataset using K-means based algorithms & see5 algorithms	Dans ce papier l'approche qui a été appliqué c'est wrapper en utilisant les techniques k-means, global k-means, k-means++, dans ce contexte la sélection se fait avec la classification pour juger la robustesse du modèle.	Après la sélection de 60 variables, les taux de classifications avec les différents classifieurs sont : k-means : 60% Gk-means : 60% K-means++ : 60% See5 : 80%.
Han, Bin and Li, Lihua and Chen, Yan and Zhu, Lei and Dai, Qi, 2011 [HLC⁺11]	A two step method to identify clinical outcome relevant genes with microarray data.	Ce papier propose les méthodes suivantes : **SVDMC** (Singular Value Decomposition and Monte Carlo), **MPE** (minimum de probabilité pour la classification), **BWSS** se base sur le noyau bayesien et la méthode **T-test** et les classifuers utilisés sont : SVM, K-NN, NB et A-NN .	Les meilleurs taux de classification avec : 5 gènes : 88% 10 gènes : 91% 20 gènes : 88%

TABLE 2.4: Quelques travaux sur la Sélection de Variables pour le Côlon

4 Contribution

La réduction de la dimension de grande base de données (big data) est un problème complexe qui a été largement étudié dans plusieurs domaines, bien que parfois, les deux grandes approches de réduction de l'espace de descripteurs s'opposent du point de vue de leurs objectifs : l'extraction de caractéristiques et la sélection de variables. Notamment, dans la littérature les travaux sur le domaine biologique ou génomique est encore plus récente en tentent les nouvelles méthodes pour aborder l'échelle de sélection de ce type de donnée (B.Chandra and Manish Gupta, 2010 [CG10], Srinivasa R et al., 2011 [SS11])

Notre contribution porte sur la sélection de variables, ce choix est justifié de façon que l'extraction de caractéristiques consiste à construire de nouvelles variables à partir de l'ensemble de variables originales (elles n'ont pas un sens biologiques), alors que la sélection de variables permet de ne conserver qu'un sous ensemble pertinent de variables. Dans le cadre de l'apprentissage supervisé, l'extraction des caractéristiques permet d'obtenir des classifieurs précis, mais la sélection de variables conduit à des règles de décision plus facile à interpréter ; dont on a besoin d'éviter les boites noires, ce qui implique la non transparence des systèmes sachant que l'objectif principal des systèmes d'aide au diagnostic médical est la lisibilité, et ce besoin est une motivation principale de se focaliser sur l'approche filtre qui se révèle meilleur dans le domaine de la bioinformatique par rapport aux autres approches qui nécessite à chaque évaluation l'ajustement du modèle, ce qui se révèle très coûteux en temps. Cette approche est beaucoup plus adaptée à la phase de modélisation qu'à la phase de prétraitement (préparation d'une analyse). Par contre, les critères des techniques filtre sont fondés uniquement sur des données, elles permettent à l'utilisateur d'accéder visuellement aux connaissances implicites représentées par un ensemble d'observations et de juger la pertinence des gènes responsables de la maladie et d'entamer une analyse plus fine de ces données en augmentant la transparence du modèle.

La littérature concernant la sélection de variables étant très vaste, nous nous intéressons dans cette partie uniquement aux méthodes de sélection des gènes du cancer du côlon, laissant de côté d'autres méthodes couramment utilisées pour réduire la dimension telles que l'Analyse en Composantes Principales [HTE+00], la régression Partial Least Squares (PLS, Antoniadis et al. [ALLL03] ; Boulesteix [Bou04] qui traitent la classification comme de la régression). Par ailleurs, nous nous focalisons uniquement sur l'extraction de variables réelles et non pas sur la construction de nouvelles variables artificielles pour réduire la dimension. De là nous justifions le choix de ces différentes méthodes de sélection, nous utilisons l'information mutuelle

(MI) qui se dénote par l'entropie de Shannon, la méthode MRMR (Minimum Redondance, Maximum Relevance) qui est une extension de la méthode précédente, passant en suite à une méthode de sélection RelifF qui prend en compte les dépendances entre les gènes et à la fin une méthode qui s'avère très intéressante qui est Fisher caractérisée par sa simplicité de calcul durant le processus de sélection. Pour la validation des gènes sélectionnés dans notre base de cancer du côlon, nous testons leurs capacités et leurs taux de classification avec le classifieurs K-NN qui est caractérisé par son principes de voisinage.

5 Conclusion

L'analyse de données acquises du domaine médical ou biologique a pour but d'extraire de la connaissance, ou bien de créer des modèles permettant de structurer les informations qu'elles contiennent. Dans la littérature un grand nombre d'algorithmes de sélection de variables sont disponibles, mais rares sont les méthodes capables de relever le défi sur lequel nous nous focalisons.

Chapitre 3

Résultats et discussion

1   Introduction

Les méthodes de prétraitement des données offrent aujourd'hui une technologie mature pour résoudre les problèmes ou le premier enjeu consiste à dépasser le cadre actuel de l'apprentissage pour s'attaquer à cette nouvelle gamme de problème de la réduction de dimension, Les méthodes de sélection de variables peuvent rendre quelques systèmes plus robustes. Cette robustesse est exprimée par la capacité de la méthode de prétraitement à produire des descripteurs fiables permettant une meilleure classification à chaque fois que les données sont perturbées.

Dans ce chapitre nous élaborons notre contribution représentée dans la sélection de variables (chapitre 2). Pour cela ce chapitre est organisé essentiellement en deux étapes. La première, se focalise sur les méthodes de sélection et la seconde comporte les résultats de classification avec des différentes expérimentations, enfin nous situons notre travail par rapport aux travaux réalisés dans la littérature sur la reconnaissance du cancer du côlon.

2   Base de données

Ce jeu de données réalisé par Alon et al. [ABN+99], concerne le cancer du côlon. Il est constitué de 62 échantillons dont 40 sont des tissus tumoraux et 22 des tissus sains ou normaux (Figure 3.1). Les expériences ont était menées avec des puces ADN (Figure 3.2) relevant des valeurs d'expression pour plus de 6500 gènes humains, mais seuls les 2000 gènes ayant les plus fortes intensités minimales ont été retenues.

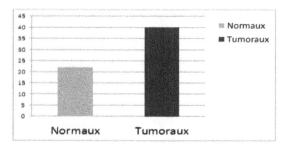

FIGURE 3.1 – Base de données de cancer du côlon.

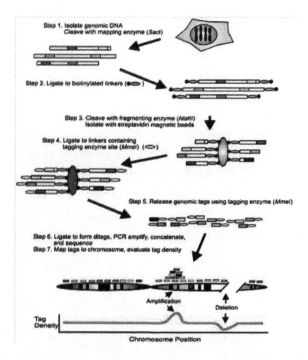

FIGURE 3.2 – Résumé de la procédure caryotype numérique (des puces ADN). Les petites places ombragées représentent les balises génomiques. Petits ovales représentent les linkers. Pour plus de détails voir [LS05].

3 Etapes de sélection

Les techniques de sélection étudiées reposent sur l'estimation de poids (scores) correspondant à chaque caractéristique. Ces poids sont utilisés pour ordonner puis sélectionner les K parmi D descripteurs les plus pertinents.

Pour l'implémentation de ce travail de Master, nous avons fait recours au logiciel NetBeans IDE 6.9.

3.1 Information Mutuelle (MI)

Considérons une variable aléatoire G peuve prendre n valeurs après plusieurs mesures de G, on peut estimer empiriquement les probabilités p(G1),...., p(Gn) de chaque état G1,......., Gn de la variable G. L'entropie de Shannon [Sha48] de la variable est définie par :

$$H(G) = - \sum_{i=0}^{N_G} p_G(i) log(p_G(i))$$

L'information mutuelle mesure la dépendance entre deux variables. Plus cette valeur est élevée plus les variables sont liées, quand elle est nulle, les variables sont indépendantes. Dans le contexte de sélection des gènes, nous utilisons cette mesure pour identifier les gènes qui sont liés au paramètre bioclinique que l'on cherche à prédire (la classe). Soit C ce paramètre, l'information mutuelle entre C et un gène G se calcul par la formule suivante :

$$MI(G,C) = H(G) + H(C) - H(G,C)$$

$$H(G,C) = - \sum_{i=0}^{N_G} \sum_{j=0}^{N_C} p_W(i,j) log(p_W(i,j))$$

L'application de l'approche MI sur le cancer du côlon a donné une liste de gènes, nous présentons ci-dessous les vingt meilleurs :

Gène	Description Biologique [gb12]
H86060	Soares retina N2b5HR Homo sapiens cDNA clone IMAGE :222326 3- similar to contains Alu repetitive element ;, mRNA sequence.
H80240	Soares fetal liver spleen 1NFLS Homo sapiens cDNA clone IMAGE :240814 3- similar to contains Alu repetitive element ;, mRNA sequence
R16255	Soares infant brain 1NIB Homo sapiens cDNA clone, mRNA sequence.
L11369	Human protocadherin 42 mRNA, 3' end of cds for alternative splicing PC42-8.
H80240	Soares fetal liver spleen 1NFLS Homo sapiens cDNA clone ;, mRNA sequence.
M96839	Homo sapiens proteinase 3 gene, partial cds.
U14973	Human ribosomal protein S29 mRNA, complete cds.
H80240	Soares fetal liver spleen 1NFLS Homo sapiens cDNA clone IMAGE :240814 3- similar to contains Alu repetitive element ;, mRNA sequence.
L34774	Human (clone pHOM) opioid-binding cell adhesion molecule mRNA, complete cds.
H55933	Soares fetal liver spleen 1NFLS Homo sapiens cDNA clone IMAGE :203417 3-, mRNA sequence.
M99626	Human Mid1 gene, partial cds.
T63508	Stratagene lung (#937210) Homo sapiens cDNA clone, mRNA sequence.
H85596	Soares retina N2b5HR Homo sapiens cDNA clone ;, mRNA sequence.
T96832	Soares fetal liver spleen 1NFLS Homo sapiens cDNA clone ; contains Alu repetitive element ;, mRNA sequence.
H70250	Soares fetal liver spleen 1NFLS Homo sapiens cDNA clone, mRNA sequence.
M64445	Human GM-CSF receptor mRNA, complete cds.
H79575	Soares fetal liver spleen 1NFLS Homo sapiens cDNA clone IMAGE :239681 3- similar to gb|M87909|HUMALNE36 Human carcinoma cell-derived Alu RNA transcript, (rRNA) ;contains Alu repetitive.v
X66141	H.sapiens mRNA for cardiac ventricular myosin light chain-2.
R39465	Soares infant brain 1NIB Homo sapiens cDNA clone IMAGE :23933 3- similar to contains Alu repetitive element ;contains PTR7 repetitive element ;, mRNA sequence.
T47645	Stratagene fetal spleen (#937205) Homo sapiens cDNA clone IMAGE :71309 3-, mRNA sequence.

TABLE 3.1 – Les20 meilleurs gènes sélectionnés par la méthode MI.

3.2   minimum Redondance Maximum Relevance (mRMR)

" Min-Redundancy, Max-relevance" (mRMR) est une méthode de filtrage pour la sélection de caractéristiques proposée par Peng et al. en 2005 (Peng et al.,2005 [PLD05]). Cette méthode est basée sur des mesures statistiques classique comme l'information mutuelle, la corrélation etc,.... L'idée de base est de profiter de ces mesures pour essayer de minimiser la redondance (mR) entre les variables et de maximiser la pertinence (MR). Les auteurs utilisent l'information mutuelle pour calculer les deux facteurs mR et MR. Le calcul de la redondance et de la pertinence d'une variable est donnée par l'équation suivante :

$$Redondance(i) = \frac{1}{|F|^2} \sum_{i,j \in F} I(i,j)$$

$$Pertinence(i) = \frac{1}{|F|^2} \sum_{i,j \in F} I(i,Y)$$

– $|F|$: représente la taille de l'ensemble de variables.
– $I(i,j)$: est l'information mutuelle entre la i^{eme} et la j^{eme} variable.
– $I(i,Y)$: est l'information mutuelle entre la i^{eme} variable et l'ensemble des étiquettes de la classe Y. Le score d'une variable est la combinaison de ces deux facteurs tel que :

$$Score\ (i) = Pertinence\ (i) - Redondance\ (i)$$

L'application de l'approche mRMR sur le cancer du côlon a donné une liste de gènes, nous présentons ci-dessous les vingt meilleurs :

Gène	Description Biologique [gb12]
T47377	Stratagene placenta (937225) Homo sapiens cDNA clone IMAGE :71035 3- similar to similar to gb :X65614 S-100P PROTEIN (HUMAN), mRNA sequence.
X54942	H.sapiens ckshs2 mRNA for Cks1 protein homologue.
M19045	Human lysozyme mRNA, complete cds.
R36977	Soares infant brain 1NIB Homo sapiens cDNA clone IMAGE :26045 3- similar to SP :TF3A_XENLA P03001 TRANSCRIPTION FACTOR IIIA ;, mRNA sequence.
M22382	Human mitochondrial matrix protein P1 (nuclear encoded) mRNA, complete cds.
M26383	Human monocyte-derived neutrophil-activating protein (MONAP) mRNA, complete cds.
H40095	H40095 Soares adult brain N2b5HB55Y Homo sapiens cDNA clone IMAGE :175181 3- similar to gb :L19686_rna1 MACROPHAGE MIGRATION INHIBITORY FACTOR (HUMAN) ;, mRNA sequence.
X63629	H.sapiens mRNA for p cadherin.
T86473	Soares fetal liver spleen 1NFLS Homo sapiens cDNA clone IMAGE :114645 3- similar to gb :X17620 NUCLEOSIDE DIPHOSPHATE KINASE A (HUMAN) ;, mRNA sequence.
U26312	Human heterochromatin protein HP1Hs-gamma mRNA, complete cds.
R08183	Soares fetal liver spleen 1NFLS Homo sapiens cDNA clone, mRNA sequence.
U17899	Human chloride channel regulatory protein mRNA, complete cds.
X56597	Human humFib mRNA for fibrillarin.
H17434	Soares infant brain 1NIB Homo sapiens cDNA clone IMAGE :50609 3- similar to gb :M60858_rna1 NUCLEOLIN (HUMAN) ;, mRNA sequence.
X12671	Human gene for heterogeneous nuclear ribonucleoprotein (hnRNP) core protein A1.
D00596	Homo sapiens gene for thymidylate synthase, complete cds.
T86749	Soares fetal liver spleen 1NFLS Homo sapiens cDNA clone IMAGE :114310 3-, mRNA sequence
R64115	Soares placenta Nb2HP Homo sapiens cDNA clone IMAGE :139618 3- similar to gb :M61832 ADENOSYLHOMOCYSTEINASE (HUMAN) ;, mRNA sequence.
U09564	Human serine kinase mRNA, complete cds.
R62945	Soares placenta Nb2HP Homo sapiens cDNA clone , mRNA sequence.

TABLE 3.2 – Les20 meilleurs gènes sélectionnés par la méthode mRMR.

3.3   ReliefF

Cet algorithme, introduit sous le nom de Relief dans (Kira & Rendell, 1992 [KR92] puis amélioré et adapté au cas multi-classes par Kononenko sous le nom de ReliefF, il ne se contente pas d'éliminer la redondance mais définit un critère de pertinence. Ce critère mesure la capacité de chaque caractéristique à regrouper les données de même étiquette et discriminer celles ayant des étiquettes différentes. L'algorithme est décrit ci-dessous. L'analyse approfondie de ReliefF est effectuée dans (Robnik-Sikonja & Kononenko, 2003 [RSK03]).

Algorithm 2 Algorithme de sélection ReliefF

1: Initialiser les poids

2: Tirer aléatoirement une donnée Xi

3: Trouver les K plus proche voisin de Xi ayant les même étiquettes (hits),

4: Trouver les K plus proche voisin de Xi ayant une étiquette différente de la classe de Xi (misses)

5: Pour chaque caractéristiques mettre à jours les poids

$$W_d = w_d - \sum_{j=1}^{K} \frac{diff(x_i, d_i, hits_j)}{m * k}$$

$$+ \sum_{c class(x_i)} \left(\frac{p(c)}{1 - p(class(x_i))} \right) \sum_{j=1}^{K} \frac{diff(x_i, d_i, misses_j)}{m * k}$$

6: La distance utilisée est définie par :

$$diff(x_i, d_i, x_j) = \frac{|x_i d^\smile x_j d|}{max(d)^\smile min(d)}$$

Max(d) (resp. min(d)) désigne la valeur maximale (resp. minimale) que peut prendre la caractéristique désignée par l'index d, sur l'ensemble des données. $x_i d$ xid est la valeur de la dième caractéristique de la donnée x_i.

Le poids d'une caractéristique est d'autant plus grand que les données issues de la même classe ont des valeurs proches et que les données issues de classes différentes sont bien séparées.

Sa technique aléatoire ne peut garantir la cohérence des résultats lorsque nous appliquons plusieurs fois la méthode sur les même données, et pour un modèle d'aide au diagnostic nous ne pouvons pas laisser ces paramètres instables, pour cela nous fixons dans ce projet les paramètres aléatoires par les valeurs suivantes :

- L'exemple choisi est de sortie0, pour pouvoir extraire les valeurs des patients normaux vu a l'inéquivalance du partitionnement des échantillons de la base de données du cancer du côlon.

- La variable$K$ pour le calcul des plus proches voisins des hits et misses est fixée à 5.

L'application de l'approche ReliefF sur le cancer du côlon a donné une liste de gènes, nous présentons ci-dessous les vingt meilleurs :

Gène	Description Biologique [gb12]
M80815	Gene 1 H.sapiens a-L-fucosidase gene, exon 7 and 8, and complete cds.
M63239	Human tyrosinase gene, exon 5.
H71150	Soares fetal liver spleen 1NFLS Homo sapiens cDNA clone IMAGE :214726 3- similar to gb :X01388 APOLIPOPROTEIN C-III PRECURSOR (HUMAN) ;, mRNA sequence.
M76378	Gene 1 Human cysteine-rich protein (CRP) gene, exons 5 and 6.
R80427	Soares placenta Nb2HP Homo sapiens cDNA clone IMAGE :147223 3-, mRNA sequence.
M76378	Human tyrosinase gene, exon 5.
M76378	Human tyrosinase gene, exon 5.
L07648	Human MXI1 mRNA, complete cds.
T55117	Nab1, Ngfi-A binding protein 1 (MGI :107564).
M63391	Gene 1 Human desmin gene, complete cds.
R39209	Soares infant brain 1NIB Homo sapiens cDNA clone IMAGE :23464 3-, mRNA sequence.
Z50753	Gene 1 H.sapiens mRNA for GCAP-II/uroguanylin precursor.
H20543	Soares infant brain 1NIB Homo sapiens cDNA clone IMAGE :51631 3-, mRNA sequence.
M20543	Human skeletal alpha-actin gene, complete cds.
H67764	Soares fetal liver spleen 1NFLS Homo sapiens cDNA clone contains PTR5 repetitive element ;, mRNA sequence.
M34192	Human isovaleryl-coA dehydrogenase (IVD) mRNA, complete cds.
R28373	Soares placenta Nb2HP Homo sapiens cDNA clone, mRNA sequence.
X60708	Human pcHDP7 mRNA for liver dipeptidyl peptidase IV.
M27190	Homo sapiens secretory pancreatic stone protein (PSP-S) mRNA, complete cds.
D29808	Homo sapiens TALLA-1 mRNA for T-cell acute lymphoblastic leukemia associated antigen 1, complete cds.

TABLE 3.3 – Les20 meilleurs gènes sélectionnés par la méthode ReliefF.

3.4   Fisher

Le test de Fisher est défini comme suit :

$$P = \frac{(\overline{x}_1 - \overline{x}_2)^2}{(s_1^2 - s_2^2)}$$

Où $\overline{x}_k, s_k^2$ sont la moyenne et l'écart type de l'attribut pour la classe $k = 0, 1$. Un score important indique donc que les moyennes des 2 classes sont significativement différentes.

L'application de l'approche Fisher sur le cancer du côlon a donné une liste de gènes, nous présentons ci-dessous les vingt meilleurs :

Gène	Description Biologique [gb12]
M92843	H.sapiens zinc finger transcriptional regulator mRNA, complete cds.
R39144	Soares infant brain 1NIB Homo sapiens cDNA clone, mRNA sequence.
X89985	H.sapiens mRNA for BCL7B protein.
M92287	Homo sapiens cyclin D3 (CCND3) mRNA, complete cds.
T59406	Stratagene ovary (#937217) Homo sapiens cDNA clone, mRNA sequence.
T60155	Stratagene lung (#937210) Homo sapiens cDNA clone, mRNA sequence.
M69135	Human monoamine oxidase B (MAOB) gene, exon 15.
U14631	Human 11 beta-hydroxysteroid dehydrogenase type II mRNA, complete cds.
D42047	Homo sapiens KIAA0089 mRNA, partial cds.
X57206	H.sapiens mRNA for 1D-myo-inositol-trisphosphate 3-kinase B isoenzyme.
H64489	Weizmann Olfactory Epithelium Homo sapiens cDNA clone IMAGE :238846 3-, mRNA sequence.
T55558	Stratagene fetal spleen (937205) Homo sapiens cDNA clone, mRNA sequence.
D26129	Homo sapiens mRNA for ribonuclease A, complete cds.
R45442	Soares infant brain 1NIB Homo sapiens cDNA clone IMAGE :35121 3-, mRNA sequence.
L05144	Homo sapiens (clone lamda-hPEC-3) phosphoenolpyruvate carboxykinase (PCK1) mRNA, complete cds.
R88740	Soares fetal liver spleen 1NFLS Homo sapiens cDNA clone, mRNA sequence.
H68239	Weizmann Olfactory Epithelium Homo sapiens cDNA clone IMAGE :239077 3-, mRNA sequence.
T61661	Stratagene liver (#937224) Homo sapiens cDNA clone, mRNA sequence.
T71025	Stratagene liver (#937224) Homo sapiens cDNA clone, mRNA sequence.
T57483	Stratagene ovary (#937217) Homo sapiens cDNA clone, mRNA sequence.

TABLE 3.4 – Les20 meilleurs gènes sélectionnés par la méthode Fisher.

4 Etapes de classification

Pour tester les performances des gènes sélectionnés par les différentes méthodes de sélection qui ont été exploité précédemment, nous utilisons le classifieur K-NN ou

Kppv (K plus proche voisin) afin de valider leurs efficacités et le taux de classification.

L'algorithme K-NN figure parmi les plus simples algorithmes d'apprentissage artificiel. Dans un contexte de classification d'une nouvelle observation x, l'idée fondatrice est de faire voter les plus proches voisins de cette observation. La classe de x est déterminée en fonction de la classe majoritaire parmi les k plus proches voisins de l'observation x.

1. Déterminer $N_k(x)$, l'ensemble des k plus proches voisins de x,

2. Choisir la classe de x sur la base d'un vote majoritaire dans $N_k(x)$.

Les performances du classifieur K-NN ont été évaluées par le calcul du pourcentage de sensibilité (SE), la spécificité (SP) et taux de classification (TC), les définitions de ces derniers sont respectivement comme suit :

– Sensibilité (Se%) : [Se = 100 * VP / (VP + FN)] on appelle sensibilité (Se) du test sa capacité de donner un résultat positif quand la maladie est présente. Représente ceux qui sont correctement détectés parmi tous les événements réels.

– Spécificité (Sp %) : [Sp = 100 * VN / (VN + FP)] on appelle spécificité du test cette capacité de donner un résultat négatif quand la maladie est absente. Elle est représentée pour détecter les patients non diabétiques.

– Taux de classification (TC %) : [TC = 100 * (VP + VN) / (VN + VP + FN +FP)] est le taux de reconnaissance.

– VP : malade classé malade ;

– FP : non malade classé malade ;

– VN : non malade classé non malade ;

– FN : malade classé non malade.

5   Résultats

Nous analysons nos résultats sur deux aspects.

– Le premier, le nombre de gènes sélectionnés par les 4 méthodes de sélections.

– Le deuxième, concerne leurs impacts sur le taux de classification par les différents classifieurs.

Sachant que le taux de classification en utilisant les 2000 gènes été de 85% mais avec un temps d'exécution assez long.

K-NN	N.V.S	Fisher	MI	mRMR	ReliefF
	2000	85%			
	5	52%	76%	71%	80%
K=3	10	90%	66%	61%	85%
	15	76%	57%	76%	85%
	20	76%	57%	85%	90%
	2000	80%			
	5	47%	61%	71%	90%
K=5	10	85%	61%	76%	90%
	15	85%	57%	80%	90%
	20	80%	66%	80%	85%

TABLE 3.5 – Résultats obtenus selon le nombre de voisinage et le nombre de variables sélectionnés pour chaque méthode.

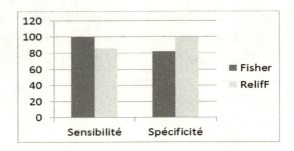

FIGURE 3.3 – La sensibilité et la spécificité des meilleurs TC obtenus par fisher et ReliefF.

6 Discussion

Les performances obtenues après le processus de sélection montrent clairement que la méthode MI a donné de très faible taux de classification (Table 3.5), qui est dû au principe basé sur le calcul probabiliste sachant que la probabilité est un rapport de nombre de cas favorables sur le nombre de cas possibles ; mais dans le domaine biologique la présence d'un gène ne se diverse pas pour chaque classes mais plutôt sa présence est évidente en portant sa propre valeur, alors que MI mesure seulement l'indépendance de gènes par rapport à la classe. Puis la méthode mRMR qui utilise le calcul de l'information mutuelle (MI) entre le gène et la classe mais aussi elle prend en considération le calcul de MI entre chaque pair de gènes. Ce dernier a mené à augmenter le taux de classification et surtout l'élimination de la redondance qui améliore la reconnaissance du cancer du côlon d'un taux de 94% avec la sélection de 10 variables.

Nous remarquons que la méthode Fisher qui est caractérisée par sa simplicité de calcul à discriminer les gènes informatifs qui se focalisent sur leurs classes ces résultats donnent un taux de classification moyen avec 10 variables.

Nous remarquons dans le Table 3.5 que la méthode ReliefF réalise le même taux de classification en sélectionnant un nombre limité seulement à 5 gènes. Son point fort est sa performance qui réside dans les différents traitements, comme le calcul des hits (les exemples de la même classe) et les misses (les exemples qui ont une étiquette différente) et la normalisation des valeurs de chaque gène pour éviter la dominance entre les gènes et par conséquence éviter d'éliminer les gènes à faibles valeurs.

La méthode ReliefF a obtenu les meilleurs taux de classification (avec 5, 10 et 15 gènes) puis ça décroit dès que nous dépassons les 15 gènes. Notons que la sensiblité était plus importante avec la méthode Fisher qu'avec la méthode de ReliefF (Figure 3.3) où la qualité de l'apprentissage dépend énormément de la sensibilité de prédiction de la maladie.

Afin de valider l'efficacité et les résultats des différentes techniques de sélection, nous avons évalué les quatre méthodes de sélection avec plusieurs classifieurs de natures différentes :

- **Perceptron multi-couches « PMC »** caractérisés par leur algorithme de retro propagation qui leur approprie une puissance d'apprentissage indéniable,
- **Radial basis function (les réseaux RBF)** réseaux de neurones à fonction radiale de base. Cette méthode utilise un algorithme de clustring de type K-means avec l'application d'une méthode de régression linéaire.
- **Linear discreminant analysis « LDA »** qui permet de prédire l'appartenance d'un individu à une classe (groupe) prédéfinie à partir de ses caractéristiques mesurées à l'aide de variables prédictives. C'est un cas particulier du classifieur bayésien qui se démarque par l'estimation du maximum de vraisemblance.
- **Classification and Regression Tree « CART » (arbre de décision)** utilisent un processus récursif de division de l'espace des données en sous régions de plus en plus pures en termes de classes. Leurs lisibilité, leurs rapidité d'exécution et le peu d'hypothèses nécessaires à priori expliquent leurs popularité.

Pour le test des performances nous avons fait appel à l'outil WEKA, en répartissant la base à 2/3 pour l'apprentissage et 1/3 pour le test. Les résultats obtenus sont représentés dans les figures suivantes :

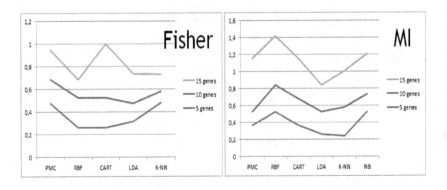

FIGURE 3.4 – L'estimation de l'erreur avec FIGURE 3.5 – L'estimation de l'erreur avec les différents classifieurs selon la méthode les différents classifieurs selon la méthode Fisher. MI.

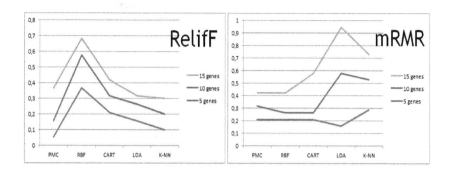

FIGURE 3.6 – L'estimation de l'erreur avec FIGURE 3.7 – L'estimation de l'erreur avec les différents classifieurs selon la méthode les différents classifieurs selon la méthode mRMR.   ReliefF.

Après le processus de sélection, nous remarquons que la méthode MI reste toujours avec un taux de classification trop faible malgré la diversité de la nature des classifieurs utilisés. La raison de ces résultats peut être expliquée par son principe qui se base sur la quantité d'information qui contient le modèle et non pas sur la qualité informative du modèle. Par contre nous notons une diminution de l'erreur de reconnaissance avec la méthode MRMR qui introduit le calcul de l'information mutuelle entre les gènes, nous obtenons un taux de classification de 95% avec les RBF et CART par la sélection de 10 gènes.

Dans la Figure 3.4 les résultats de la méthode Fisher reste meilleure qu'avec l'application de K-NN grâce à son principe du choix de voisinage ou la classe prédite a probablement de forte chance de partager son voisinage.

En dernier, la méthode ReliefF s'avère la plus représentative dans la sélection des données du cancer du côlon donc nous pouvons dire qu'elle fait l'extraction de cinq gènes les plus actifs avec une reconnaissance de 94% avec le perceptron multicouche qui utilise une méthodologie stricte qui permet de capter les relations fondamentales des données tout en évitant de modéliser les fluctuations statistiques propres à un ensemble d'entrainement particulier.

7   Synthèse sur les techniques de sélection

Nous résumons dans le Table 3.6 les différentes caractéristiques de chaque méthode lors de son fonctionnement et son traitement durant le processus de sélection.

Techniques	MI	mRMR	Fisher	ReliefF
Avantages	– Sa simplicité dans le calcul probabiliste.	– Elimine la redondance. – Prend en compte les interactions avec les variables.	– Simplicité de calcul. – Facile de mettre en évidence.	– Précision sur des données bruitées. – Mesure la pertinence globale pour les caractéristiques.
Inconvénients	– N'élimine pas la redondance.	– Calcul probabiliste ne reflète pas le poids significatif des données biologiques.	– La capacité de sélection est beaucoup plus appliquée qu'avec les bases d'une sortie binaires.	– Sa stratégie de recherche est aléatoire.

TABLE 3.6 – Caractéristiques de différentes techniques de sélection.

En examinant bien ces différentes techniques (Table 3.6), nous remarquons clairement la complémentarité des méthodes et des idées peuvent émerger comme la fusion ou l'hybridation entre les méthodes qui s'avèrent très performantes au calcul du poids significatifs et celles qui peuvent diminuer les redondances.

8 Comparaison avec l'état de l'art

La fixation du nombre de variables à sélectionner à priori reste toujours délicat, dans la littérature, l'importance et la difficulté de retrouver un ensemble de gènes qui portent un effet biologique demeure un axe de recherche ouvert où plusieurs approches sont testées et comparées. En explorant la littérature du domaine de recherche des biopuces, nous remarquons que les travaux se focalisent beaucoup plus sur l'extraction et la sélection les gènes pertinents sans tenir compte du taux de la classification, par contre nos résultats dans Table 3.7 sont obtenus en prenant en considération deux aspects complémentaires à savoir une sélection réduite des gènes pertinents et un taux de reconnaissance très élevé.

Nous avons obtenu aussi quelques gènes (cinq) en commun avec des travaux récents de la littérature [HLC+11], [Cha09].

Travaux	Méthodes	Classifieurs	N .V .S	TC
Chandra et al., 2011 [CG10]	ERGS (Effective Rang based Gene Selection)	– Naïve bayes – SVM	– 100 – 100	– 83,87% – 83,87%
Badih et al., 2008 [LEAP05]	Foret aléatoire	Approche embeded	– 50 – 100	– 76% – 83%
Gang et al., 2007 [JGZ07]	BEF (Bayes Error Filter)	Approche symbiose	20	87%
Sirinivasa et al., 2011 [SS11]	– K-means – Global K-means – K-means++ – See5	Approche wrapper	60	– 60% – 60% – 60% – 80%

Travaux	Méthodes	Classifieurs	N .V .S	TC
Han et al., 2011 [HLC+11]	SVDMC (Singular Value Decomposition and Monte Carlo)	– SVM – K-NN – BF – NB – ANN	– 15, 10, 20 – 15, 10, 20 – 15, 10, 20 – 15, 10, 20 – 15, 10, 20	– 84%,86%,85% – 85%,90%,88% – 84%,86%,88% – 88%,91%,86% – 86%,88%,86%
	BWSS	– SVM – K-NN – BF – ANN	– 15, 25 – 15, 25 – 15, 25 – 15, 25	– 77%, 77% – 63%, 77% – 77%, 81% – 81%, 77%
	MPE	SVM	15, 10, 20	85%,87%, 87%
	T-test	SVM	15,10, 20	81%,88%, 87%
Notre Travail, 2012	Fisher	K-NN	10,15	90%, 85%
	MI	PMC	10	84%
	MRMR	– RBF – CART	– 10 – 10	– 94% – 94%
	ReliefF	– PMC – LDA	– 5 – 10	– 94% – 94%

TABLE 3.7 – Comparaison des résultats obtenus dans ce travail avec l'état de l'art.

9 Conclusion

Nos méthodes de sélection de variables ont permis de construire des prédicteurs efficaces pour un problème de bipartition supervisée de données d'expression de puce à ADN (biopuce) en oncologie (cancer du côlon). Les performances obtenues sont aussi bonnes, que ceux des meilleurs prédicteurs publiés à ce jour pour la même base de données. Notre principale contribution est d'obtenir ces performances avec un nombre minimal de variables. Cette caractéristique est importante pour la robustesse de nos prédicteurs avec une condition nécessaire à une possible utilisation en routine clinique.

Conclusion

La littérature abondante depuis plusieurs décennies sur le problème de sélection de variables (features selection) témoigne non seulement sur son importance mais aussi sur ces difficultés ; de choisir a priori les caractéristiques pertinentes pour une application donnée n'est pas aisé et plus spécifiquement dans le domaine biologique.

Notre démarche de sélection de gènes de cancer du côlon consiste dans un premier temps de comparer l'efficacité de plusieurs méthodes de sélection pouvant être intégrées dans un processus d'une approche filter, afin de mettre en évidence la transparence de notre système, avec un objectif d'extraire les plus pertinents et les plus informatifs. Les expérimentations réalisées ont permis d'évaluer les performances des résultats avec les différents classifieurs. .

Bien que les résultats obtenus soient intéressants et encourageants, beaucoup de points sont susceptibles d'être étudiés dans le cadre de travaux futur, tel que : :

- L'utilisation d'autres mesures de sélection de variables pour mettre en valeur les différentes relations entre les gènes.
- D'après l'étude des avantages et des inconvénients des méthodes de sélection utilisées dans ce travail, une hybridation entre les techniques est envisageable ou la fusion entre les points forts de ces méthodes.
- Faire appel aux méthodes de boosting pour améliorer encore le taux de classification.

Ce domaine de recherche restera toujour actif tant qu'il est motivé par l'évolution des systèmes de collecte et de stockage des données d'une part et par les exigences d'autre part. La meilleure approche pour juger cette sélection est de collaboré avec des experts (biologistes) pour une interprétation des résultats et mettre en évidence les points suivants :

- Les gènes qui sont en prédisposition et en cause de ces cancers.
- Les gènes qui contribuent au développement tumoral des cancers colorectaux.

Cette collaboration avec les biologistes permet de nous orienter vers la manière d'utiliser ces données fondamentales en pratique clinique et leurs influences sur la prise en charge des patients car ce domaine de recherche est majeur dans le : dépistage, traitement et prédiction de l'évolution clinique de ces patients. En parallèle, nous œuvrons à mieux comprendre l'évolution de la réponse immunitaire du patient à tous les stades d'évolution du cancer colorectal.

Bibliographie

[ABN⁺99]   U. Alon, N. Barkai, D. A. Notterman, K. Gish, S. Ybarra, D. Mack, and
A. J Levine. Broad patterns of gene expression revealed by clustering
analysis of tumor and normal colon tissues probed by oligonucleotide
arrays. *Proc Natl Acad Sci*, 12 :6745–6750, 1999.

[ALLL03]   A. Antoniadis, S. Lambert-Lacroix, and F. Leblanc. Effective dimension reduction methods for tumor classification using gene expression
data. *Bioinformatics*, 19(5) :563–570, 2003.

[ATAM09]   Pablo A.Estz, Michel Tesmer, Clandio A.Perez, and Jacek M.Zurada.
Normalized mutual information feature selection. *IEEE TRANSAC-
TIONS ON NEURAL NETWORKS*, 20 :1045–9227, 2009.

[BEHW87]   Anselm Blumer, Andrzej Ehrenfeucht, David Haussler, and Manfred K.
Warmuth. Warmuth and ocams razor. information processing letters.
In international conference of machine learning, 24(6) :377–380, 1987.

[Ben1a]   Y Bennani. La sction de variables,. *Num spal de la Revue dIntelligence
Artificielle. Herm Paris.*, page 351371, 2001a.

[Ben06]   Y. Bennani. Systs dapprentissage connexionnistes : sction devariables.
Num spal de la Revue dIntelligence Artificielle. Herm Paris., (g), 2006.

[BG07]   Bennani and S. Guerif. Sction de variable en apprentissage numque
non supervise. *In cap 07 : confnce francophone sur lapprentissage automatique*, 2007.

[Bou04]   A. Boulesteix. Pls dimension reduction for classification with microarray data. *Statistical Applications in Genetics and Molecular Biology*,
3(1) :1075, 2004.

[CG10]   B. Chandra and Manish Gupta. An efficient statistical feature selection approch for classification of gene expression data. *Journal of biomedical informatics*, 3 :3–7, 2010.

[Cha09]   Sounak Chakraborty. Bayesian binary kernel probit model for microarray based cancer classification and gene selection. *Computational Statistics & Data Analysis*, 53 :984209, 2009.

[dcedr09] Tumeurs du colon et de rectum. http ://www.umvf.univ-nantes.fr, 2008-2009.

[Dea06]   Raftery A Dean. Variable selection for model-based clustrering. *Journal of the American Statistical Association*, 473 :169–178, 2006.

[DJG00]   BRODLEY C. E. Dy .J. G. Feature subset selection and order identificationfor unsupervised learning. *n Proceedings of the 17th International Conference onMachine Learning (ICML2000), Stanford University, CA*, 2000.

[EG03]   André Elisseeff and Isabelle Guyon. An introduction to variable and feature selection. *Journal of Machine learning Research*, 2003.

[Gad09]   Mohamed Gadiri. Tlemcen : les cancer ossupent une place importante dans les préocupation sanitaires. 2009.

[Gau02]   Olivier Gaudoin. Modes statistiques pour lingeur. *Grenoble, France*, 2002.

[GB08]   Badih Ghattas and Anis BenIshak. Selection de variable pour la clasification binaire en grande dimension aux donn en biopuces. *Journal de la soci Franse de Statistique*, 3 :44–66, 2008.

[gb12]   gene bank. http ://www.ncbi.nlm.nih.gov, Access June 2012.

[Ghi64]   Edwin E. Ghiselli. *Theory of psuchological Meansurement*. Mc Graw-Hill Bokk Company, 1964.

[Hal98]   M. Hall. Correlation-based feature selection for machine learning. 1998.

[Hal00]   Mark A. Hall. Correlation-based feature selection and numeric class machine learning. *17th Internatinnal conf. on machine learning*, pages 359–366, 2000.

[HLC$^+$11]   Bin Han, Lihua Li, Yan Chen, Lei Zhu, and Qi Dai. A two step method to identify clinical outcome relevant genes with microarray data.
Journal of Biomedical Informatics, 44 :229–238, 2011.

[HTE$^+$00]   T. Hastie, R. Tibshirani, M. Eisen, A. Alizadeh, R. Levy, L. Staudt,
W. Chan, D. Botstein, and P. Brown. Gene shaving as a method
for identifying distinct sets of genes with similar expression patterns.
Genome Biol, 1(2) :1–21, 2000.

[IJSV02]   I.Guyon, J.Weston, S.Barhill, and V.P. Vapnik. selection cancer classification usisng support vector machines. *Machine learning*, 46 (1-
3) :389–422, 2002.

[JGZ07]   Hong-Wen Deng Ji-Gang Zhang. Gene selection for classification of
microarray data based on the bayes error. *BMC Bioinformatics*, pages
1–9, 2007.

[JKP94a]   G. John, R. Kohavi, and K. Peger. Irrelevant features and the subset selection problem. *Proceedings of the Eleventh International Conference
on Machine Learning*, page 129, 1994.

[JKP94b]   George H . John, Ron Kohavi, and Karl Pfleger. feature and the subset
selection problem. *In international conference on Machine learning.
Journal version in 1IJ*, pages 121–129, 1994.

[KR92]   K Kira and L. Rendell. A practical approach to feature selection. page
249256, 1992.

[KS77]   Sir Maurice Kendall and Alan Stewart. The advanced theory of statistics. *4th Edition. Mcmillan Publishing, New York*, 1, 1977.

[KS96]   Daphane Koller and Mehran Sahami. To waerd optimal feature selection. *In international conference of machine learning.*, pages 284–292,
1996.

[LEAP05]   Tian Lan, Deniz Erdogmus, Andre Adami, and Michael Pavel. Feature
selection by independent component analysis and mutual information
maximization in eeg signal classification. *An International Journal*,
170 :409–418, 2005.

[LS95]   H Liu and R Setiono. Feature selection and discretization of numeric
            attributes. *knowledge and data engineering*, 16 :145–153, 1995.

[LS05]   William J Larochelle and Richard A Shimkets. *The Oncogenomics
            Handbook*. Human Press, 2005.

[LXZH09]   Shoushan Li, Rui Xia, Chengqing Zong, and Chu-Ren Huang. A frame-
            work of feature selection methods for text categorization. *Proceedings
            of the 47th Annual Meeting of the ACL and the 4th IJCNLP of the
            AFNLP*, 2-7 :692700, 2009.

[MMT+09]   D. Meddah, B. Meddah, A.Tir Touil, M. Ghalek, and T. Sahraoui.
            Etude épidémiologique du cancer du colon chez des patients de l'ouest
            algérien. *Africain du cancer*, 1 :31–35, 2009.

[MP02]   C.A Murthy Mitra and S.K. Pal. Unsupervised feature selection using
            feature similarity. *IEEE Trans. On patterns Analysis and machine
            learning*, pages 24–34, 2002.

[OaOBM02]   O.Chappelle, V.N. Vapnik ans O. Bousquet, and S. Mukherjee. Choo-
            sing multiple parameters for support vestor machine. *Machine learning*,
            46 (1-3) :131–159, 2002.

[PLD05]   H Peng, F Long, and C Ding. Feature selection based on mutual
            information : criteria of max-dependency, max-relevance, and min-
            redundancy. *IEEE Transactions on Pattern Analysis and Machine
            Intelligence*, 27 :1226–1238, 2005.

[Rak03]   Rakotomamonjy. Variable selection using svm based criteria. *Journal
            of machine learning Research*, 3 :1357–1370, 2003.

[RSK03]   M. Robnik Sikonja and I. Kononenko. Theoretical and empirical ana-
            lysis of relief and relieff. *Mach. Learn*, 53 :23–69, 2003.

[.S08]   Guf .S. Unsupervised feature selection : when random ranking sound
            are irrelevancy. *In JMCR workshop and conference proceding, New
            challenges for feature selection in data mining and knowledge discovery*,
            4 :161–175, 2008.

[Sha48]   E. Shannon. A mathematical theory of communication. *The bell System
            Techical Journal*, 27 :623–654, 1948.

[SM11]   Saint-Maurice. Projection de l'incidence et de la mortalité par cancer en france en 2011. *Institut national du cancer (Inca)*, page 78, 2011.

[SMTJ03]   N. Sorh Madesen, C. Thomsen, and Pena J. Unsupervised feature sebset selection. *Proceding of the workship on probabilistic graphical models for classification*, pages 71–82, 2003.

[SS11]   R. Perumal Srinivasa and R Sujatha. Analysis of colon cancer dataset using k-means based algorithms & see5 algorithms. *International Journal of Computer Science and Technologie*, 2 :482–484, 2011.

[tt10]   top ten. http ://www.tenmojo.com, 2010.

[Wai09]   Pr Jean-Pierre Wainsten. *Larousse Médical*. 2009.

[WESH03]   J. Weston, A. Elisseff, B. Schoekopf, and H.Tipping. Use of the zero norm with linear models and kernel methods. *Journal of machine learning Research*, 3 :1439–1461, 2003.

[WM04]   Yuhang Wing and Fillia Makedon. Application of relieff feature filtering algorithm to selecting informative genes for cancer classification using microarray data. *IEEE Computational Systems*, pages 497–498, 2004.

[ZDL08]   Yi Zhang, Chris Ding, and Tao Li. Gene selection algorithm by combining relieff and mrmr. *BMC Bioinformatics*, 9 :S27, 2008.

Résumé

Les développements en biotechnologie ont permis à la biologie de mesurer l'information contenue dans des milliers de gènes grâce aux puces d'ADN. Ceci a permis de déterminer les gènes exprimés dans une condition donnée. Le volume et la spécificité de ces jeux de données qui sont constituées d'un nombre de variables très largement supérieur au nombre d'expériences (échantillons) conduisent à des traitements faisant appel aux techniques de la réduction de dimension (sélection de variables) pour déterminer les gènes pertinents et les plus informatifs. Dans ce travail nous nous intéressons à la sélection de gènes du cancer du côlon qui pose un problème majeur de santé publique dans le monde et surtout en Algérie. Nous proposons différents types de méthodes de sélection de variables de nature probabiliste et statistique. Nos expérimentations ont montré que l'approche adoptée a la capacité de sélectionner un nombre réduit de variables tout en conservant des taux de classification très satisfaisant.

Abstract

Developments in biotechnology have enabled biological measure of the information contained in thousands of genes using the DNA chip. This has identified the genes expressed in a given condition. The volume and specificity of these data sets consist of more features then the number of samples and lead to treatments involving the techniques of dimension reduction (features selection) to determine relevant and informative genes. In this work we focus on the selection of genes for colon cancer, that poses a major public health problem worldwide and especially in Algeria. We offer different types of features selection methods of statistical and probabilistic nature. Our experiments have shown that the approach has the ability to select a reduced number of features while preserving a very satisfactory classification rates.